DELI & SWEETS ができる
フランス仕込みの 2つの生地
ケーキとフラン

Cake & Flan
藤野貴子

DELIにも
SWEETS
にもなる、
2つのシンプルな
生地を紹介します。

その日の気分で、
変幻自在にDELIにも
SWEETSにもなる生地を覚えておけば、
ホームパーティーにも、手みやげにも、
そして、もちろん日常にも使えて、とても便利。

本書では、お食事にもデザートにもなる、
「シンプルな生地のレシピ」を2種類紹介します。

ケーキ生地は、甘みを抑えた
ふんわり生地をベースに、
DELIとSWEETSに。

フラン生地は、プリンのような
なめらかな生地をベースに、
DELIとSWEETSに。

食感が全く違うこの2つの生地は、
それぞれアレンジ自在。

簡単なのに、完成すると
見た目も味も感動できるものばかり。
とても便利な一生使えるレシピです。

2つの生地の作り方は、どちらも基本は

| 材料を混ぜて | → | 加熱するだけ！ |

シンプルな生地だからこそ、
のせる具材を変えたり、
油分を加えたり、
加熱方法を変えたりできる万能さがある上に、
でき上がりの表情もガラッと変わります。

もちろん、
とっておきの日のひと品にもなりますが、
冷蔵庫に余っている野菜やフルーツを、
気軽に生地と混ぜ込んで焼いておけば、
お手軽な朝ごはんや、おやつにも。

CONTENTS

- 002   DELIにもSWEETSにもなる、2つのシンプルな生地を紹介します。
- 004   2つの生地の作り方は、どちらも基本は材料を混ぜて→加熱するだけ！
- 008   はじめに
- 010   この本で使う基本の道具

012   PART1
Cake（ケーキ）生地

014   Cake生地の基本

Cake生地 DELI
- 016 ● オニオンコンフィのマフィン
- 018 ● トマトとオリーブのケークサレ
- 020 ● メープルベーコンのケークサレ
- 022 ● 朝食パンケーキ
- 024 ● ブロッコリーのひと口スナック
- 026 ● 青のりドーナツ
- 028 ● アメリカンドッグ
-      ● じゃがいもと枝豆の落とし揚げ

Cake生地 SWEETS
- 032 ○ レモンケーキ
- 034 ○ マシュマロココアマフィン
- 036 ○ マンゴーのパウンドケーキ
- 038 ○ ワッフル
- 040 ○ バナナアップサイドダウンケーキ
- 042 ○ さつまいもの揚げドーナツ
- 044 ○ バナナドッグ

046   PART2
Flan（フラン）生地

048   Flan生地の基本

Flan生地 DELI
- 050 ● にんじんのフラン
- 052 ● かぼちゃとひき肉のフラン
- 054 ● じゃがいものガトー・アンビジブル
- 056 ● ズッキーニのガトー・アンビジブル
- 058 ● サーモンとほうれん草のフラン
- 060 ● アスパラガスとベーコンのフラン
- 062 ● きのことツナのキッシュ
-      ● オニオンコンフィとカッテージチーズのキッシュ

066   Column   Tarte生地
タルト生地を作ってみよう！

Flan生地 SWEETS
- 068 ○ シンプルプリン
- 070 ○ 抹茶プリン
- 072 ○ ココナッツミルクフラン
- 074 ○ りんごのガトー・アンビジブル
- 076 ○ パンプディング
- 078 ○ いちごのフラン
- 080 ○ プルーンと紅茶のフラン
- 082 ○ チョコレートタルト
- 084 ○ ブルーベリータルト

086 PART3
Cheese（チーズ）生地
Cracker（クラッカー）生地
Marinade & Salad
（マリネ&サラダ）

この本の決まりごと

- 計量単位は、小さじ1＝5㎖、大さじ1＝15㎖、1カップ＝200㎖です。
- 卵はすべてLサイズを使用しています。
- 塩は粗塩、生クリームは乳脂肪分42％のものを使用しています。
- バターはすべて食塩不使用のものです。
- オーブンの焼き時間は、ご使用のオーブンの種類により加熱時間、焼成状態が変わってきます。焼き時間は目安にして、様子を見ながら加減してください。
- 電子レンジは出力600Wのものを使用しています。機種により加熱具合に差が出ることがあります。様子を見ながら調整してください。また、電子レンジが500Wの場合は加熱時間を0.8倍に、700Wの場合は1.2倍にして調整してください。
- 特に記載がない場合でも、食材を洗う、野菜やフルーツのヘタや種を取る、皮をむくなど、基本的な下ごしらえを適宜行ってから調理に入ってください。

088 Cheese 生地の基本

Cheese 生地 DELI
090 ● ハーブチーズテリーヌ

Cheese 生地 SWEETS
092 ○ チーズテリーヌ
094 ○ かぼちゃのチーズケーキ

096 Cracker生地の基本

Cracker 生地 DELI
098 ● おつまみクラッカー

Cracker 生地 SWEETS
100 ○ スモア

102 Marinnade & Salad

104	DELI	いちごとミニトマトのビネガーマリネ
105	SWEETS	いちごとグレープフルーツのミントマリネ
106	DELI	オレンジとセロリのディルマリネ
107	SWEETS	オレンジとカッテージチーズのはちみつマリネ
108	DELI	メロンときゅうり、生ハムのマリネ
109	SWEETS	メロンと梨のレモンマリネ
110	DELI	さつまいもとベーコンのマスタードサラダ
111	SWEETS	さつまいもとクランベリーのスイートポテト

はじめに

私の父はフレンチレストランのシェフです。
小さいころから私は、気づいたら父が働く厨房にいる子どもでした。
父がその日の仕入れや季節によって変わる具材で、
毎日同じように料理やお菓子を作る姿を間近でながめていたものです。

そして時は過ぎ、私自身もいざフランスへ！
現地のレストランで働くようになると、
シェフやホームステイ先のマダムも、季節に合わせて
定番のお惣菜やお菓子をささっと作ってしまうのを目にすることになります。

また、レストランではコースの料理とデザートで、
同じ生地をアレンジして使い回すことも体験しました。

「そうか、どんな生地でも基本を覚えてしまえば、
具材が変わったとしても、甘いもの、しょっぱいものに関わらず、
いろいろとアレンジができるのね」
と思ったのです。

この本は、そんな私が間近に見てきた父の仕事姿や、
フランスで過ごした際に学んだ
とっても応用が効く2つの生地をご紹介しています。

このテーマに取りかかったとき、
もしかすると、日本の母が作る素朴なパンケーキや、
大好きなおやつのオレンジケーキも一緒なのかも！と、
お店のような味と、
どこかなつかしい家庭の味を、
みなさんが作りやすいように
アレンジしてみました。
調理したい方法によって少し
水分量を調整したりもしています。

お気に入りの2つの生地を基本に、
自分好みの具材に変えたり、
季節の具材に変えたりして楽しんでもらえると思います。

この2つの生地を使った
DELIやSWEETSが、
みなさんのおもてなしやおやつ、
そして毎日の食卓に
たくさん登場したらうれしいです。

（ この本で使う基本の道具 ）

この本のレシピでは、特別な道具は使いません。
いつもお使いのボウルや泡立て器などがあれば充分。
使い慣れた道具で気軽に作れます。

☐ ボウル

生地を混ぜるのに使います。直径約20cmのもの、約18cmのものの2つくらいあるとよいでしょう。電子レンジ加熱に使用するときは、耐熱性のボウルを使用してください。

☐ スケール

材料の分量は正確に量るのが、失敗を防ぐコツ。1g単位で量れる、デジタル式のスケールを準備しましょう。

☐ 計量カップ

生クリームや牛乳など、液体のものを量る、注ぐときに便利です。容量600mlくらいのものがおすすめです。

☐ ゴムべら・泡立て器

生地を混ぜるときに使います。泡立て器はボウルの大きさに合ったものを使いましょう。ゴムべらは具材を混ぜ込むときや生地をこそげるときに便利です。

（ 基本の型 ）

□ マフィン型

マフィンは直径約6cm、高さ約3cmのマフィン型を使用しています。使うときは専用のグラシンカップを敷くか、内側にバターを薄く塗って使用します。紙製、アルミ製のマフィンカップを使っても。

□ パウンド型

パウンドケーキやガトー・アンビジブルなどには18×8×高さ6cmのパウンド型を使用しています。使うときはオーブンシートを敷くか、内側にバターを薄く塗って使用します。こちらも紙製、アルミ製のもので代用できます。

◎ 持ち運びに便利な、アルミ型

作ったものをそのまま持ち運ぶ場合は、アルミ型がとても便利！ そのままオーブンでリベイクも可能です。さまざまな形のものが販売されており、ふたつきのものもあります。製菓材料店や一部スーパーや100円ショップなどでも買うことができます。

PART 1

Cake 生地
ケーキ

ケーキといえば、甘いスイーツをイメージしがちですが、実は甘くないおつまみ風デリにも幅広く活用できる万能生地。「え、お砂糖入ってるよね？」……はい。でも砂糖は甘みをつける役割だけではなく、生地をふんわり、しっとりさせたり、おいしそうな焼き色をつけたり、さまざまな調理特性があるのです。だから甘いケーキはもちろん、野菜やチーズと合わせても、ちゃんとおいしい！　そしてこの生地は、加熱の仕方や材料の配合で、食感やおいしさが変わります。ひとつの生地から生まれる、たくさんの味わいを存分に楽しんでください。

Cake 生地 で作る
DELI & SWEETS 3つの手法

（ オーブンで焼く ）

パウンド型やマフィン型で焼きます。お好みの具材を混ぜ込んだり、ココアやレモン汁を生地に練り込み、味わい表情を変えたり……。ぐーんとふくらむ生地なので、オーブンで焼くとかわいらしいフォルムに。

（ フライパンで焼く ）

定番のパンケーキや、フルーツを敷きこんだアップサイドダウンケーキに。また、野菜にからめて焼けばミニスナックにもなります。ケーキらしい、やわらかな食感は、子どもも食べやすくおやつにもぴったり。

（ 揚げる ）

外側はカリッ、中はふわっと仕上がります。生地に具材を練り込むのもおいしいですし、プレーンの生地を具材にまとわせて揚げるミニドッグもおすすめです。見た目も楽しいので、パーティーなどにも。

Cake生地 の基本

(基本の材料)

この6つが、Cake生地の基本の材料です。
レシピにより、この生地に具材を混ぜ込んだり、練り込んだりして
味や食感に変化を加えていきます。

□ 薄力粉
□ ベーキングパウダー

生地のベースとなります。ふくらみやすい生地なので、フライパンで焼いても、オーブンで焼いても、揚げてもおいしい、ふわふわの食感です。

□ グラニュー糖
□ 塩

甘みは、甘すぎない量で。また、若干の塩を加えることで、甘みが引き立ち、DELIにもSWEETSにも合う生地になります。グラニュー糖をメープルシロップに代えて風味を加えることも。

□ 卵
□ 牛乳

生地のやわらかさを左右する、水分。加熱方法で若干分量が異なります。揚げる場合は、水分量を調整して粘度を高めに。風味を加えたいときは香りのある油分も加えます。

（ 基本の作り方 ）

1 粉類をふるう

薄力粉、ベーキングパウダー、グラニュー糖、塩は、合わせて一気にふるいます。

2 卵と牛乳を混ぜる

あらかじめ、液体類を一緒にしておくことでムラなく仕上がります。

3 混ぜる

ボウルの内側に泡立て器をこすりつけるように、大きく混ぜます。具材を入れる場合はここで生地と合わせます。

4 焼く・揚げる

お好みの加熱方法で仕上げましょう。

オニオンコンフィのマフィン

オニオンコンフィは途中まで電子レンジを使うから意外にお手軽。
バターの香りをまとったオニオンコンフィと、ほんの少し塩けをきかせた生地が相性抜群。
玉ねぎの自然な甘みと香ばしさが楽しめます。黒こしょうをアクセントに。

材料　直径約6cmのマフィン型・6個分

[生地]
- 薄力粉 … 160g
- ベーキングパウダー … 小さじ2
- グラニュー糖 … 30g
- 塩 … 小さじ1/2
- 卵 … 1個
- 牛乳 … 90g
- 溶かしバター＊ … 60g

[オニオンコンフィ]
- 玉ねぎ … 2個（400g）
- バター … 30g
- 塩 … 小さじ1/2

粗びき黒こしょう … 少々

＊耐熱ボウルにバターを入れ、電子レンジで20秒ずつ、様子を見ながら加熱して混ぜ溶かす。

作り方　オーブン

1. オニオンコンフィを作る。玉ねぎは縦半分に切ってから縦に薄切りにして耐熱ボウルに入れ、ふんわりとラップをかけて電子レンジで8分加熱する。フライパンにバターを中火で熱し、玉ねぎを炒める。しっかりと色づいたら塩をふり、バットに取り出して冷ます。

2. オーブンを170℃に予熱する。薄力粉、ベーキングパウダー、グラニュー糖、塩を合わせてボウルにふるい入れる。

3. 別のボウルに卵を溶きほぐし、牛乳を加えて泡立て器で混ぜる。

4. **2**の粉類に**3**を加え、ボウルの内側に泡立て器をこすりつけるように大きく混ぜる。溶かしバターを加えてさらに混ぜ、**1**を加えてゴムべらで混ぜる。

5. マフィン型にグラシンカップを敷き、**4**を等分に入れる。黒こしょうをふり、170℃のオーブンで25～28分焼く。

MEMO
しっかり色づくまで炒めて
オニオンコンフィはきつね色より少し濃いくらいに色づくまで炒め、香ばしさと甘みをしっかりと引き出してから、生地に加えます。

トマトとオリーブのケークサレ

チーズの風味が広がる生地に、相性のいいミニトマトとオリーブをたっぷりと。
食事パン代わりに、ワインのおともに、いろいろ楽しめる定番ケークサレです。
ミニトマトはそのままでも、セミドライにして加えても。

材料
18×8×高さ6cmのパウンド型・1台分

[生地]
- 薄力粉 … 160g
- ベーキングパウダー … 小さじ2
- グラニュー糖 … 30g
- 塩 … 小さじ1/2
- 卵 … 1個
- 牛乳 … 90g
- オリーブオイル … 60g
- 粉チーズ … 30g
- ピザ用チーズ … 20g

ミニトマト … 10個
ブラックオリーブ(種抜き) … 10粒(25g)
塩、粗びき黒こしょう … 各少々

作り方 (オーブン)

1. ミニトマトは半分に切る。オリーブは横に半分に切る。トッピング用にそれぞれ6〜7切れずつ取り分けておく。

2. オーブンを170℃に予熱する。薄力粉、ベーキングパウダー、グラニュー糖、塩を合わせてボウルにふるい入れる。

3. 別のボウルに卵を溶きほぐし、牛乳を加えて泡立て器で混ぜる。

4. **2**の粉類に**3**を加え、ボウルの内側に泡立て器をこすりつけるように大きく混ぜる。オリーブオイルを加えてさらに混ぜ、粉チーズとピザ用チーズ、**1**を加えてそのつどゴムべらで混ぜる。

5. オーブンシートを敷いた型に入れ、トッピング用のオリーブ、トマトをのせる。塩、黒こしょうをふり、170℃のオーブンで40〜45分ほど焼く。

MEMO
ミニトマトはセミドライにすると、より風味アップ
ミニトマトはセミドライトマトにすると、風味がより凝縮します。半分に切ったら、オーブンシートを敷いた天板に切り口を上にして並べ、120℃のオーブンで30分焼きます。

メープルベーコンのケークサレ

メープルシロップのやさしい甘みに、ベーコンが好相性。
食感が楽しいくるみを加えて、香ばしさもプラスします。
不思議な甘じょっぱさが、やみつきに。朝ごはんにもおつまみにも。

材料

18×8×高さ6cmのパウンド型・1台分

[生地]
　薄力粉 … 160g
　ベーキングパウダー … 小さじ2
　塩 … 小さじ1/2
　卵 … 1個
　牛乳 … 90g
　メープルシロップ … 60g
　溶かしバター* … 60g
ベーコン … 3枚（50g）
くるみ … 25g

＊耐熱ボウルにバターを入れ、電子レンジで20秒ずつ、様子を見ながら加熱して混ぜ溶かす。

作り方　オーブン

1　ベーコンは長さを半分に切る。くるみは半分に割る。

2　オーブンを170℃に予熱する。薄力粉、ベーキングパウダー、塩を合わせてボウルにふるい入れる。

3　別のボウルに卵を溶きほぐし、牛乳、メープルシロップを加えて泡立て器で混ぜる。

4　**2**の粉類に**3**を加え、ボウルの内側に泡立て器をこすりつけるように大きく混ぜる。溶かしバターを加えてさらに混ぜ、くるみを加えてゴムべらで混ぜる。

5　オーブンシートを敷いた型に入れ、ベーコンをのせる。170℃のオーブンで40〜45分ほど焼く。

Cake生地 ─── DELI / SWEETS

朝食パンケーキ

基本の生地にヨーグルトを入れ加えてもっちりさっぱり。
甘すぎない生地なので、目玉焼きやベーコンなどしょっぱいものによく合います。
好きなものだらけのわくわく朝食プレートに。

材料 直径約10cm・約10枚分

[生地]
　薄力粉 … 80g
　ベーキングパウダー … 小さじ1
　グラニュー糖 … 15g
　塩 … 少々
　溶き卵 … 1/2個分
　牛乳 … 60g
　プレーンヨーグルト … 75g
　溶かしバター* … 15g
サラダ油…適量
バター、メープルシロップ…各適量

＊耐熱ボウルにバターを入れ、電子レンジで20秒ずつ、様子を見ながら加熱して混ぜ溶かす。

作り方 フライパン

1　薄力粉、ベーキングパウダー、グラニュー糖、塩を合わせてボウルにふるい入れる。

2　別のボウルに溶き卵、牛乳、ヨーグルトを入れて泡立て器で混ぜる。

3　**1**の粉類に**2**を加え、ボウルの内側に泡立て器をこすりつけるように大きく混ぜる。溶かしバターを加えてさらに混ぜる。

4　フライパンにサラダ油を薄く塗って弱火で熱し、おたまの半量くらいを目安に丸く流し入れる。2〜3分焼いてふつふつとしてきたら、上下を返して1分ほど焼く。残りも同様に焼く。好みでバターをのせ、メープルシロップをかける。

ブロッコリーのひと口スナック

生地に粉チーズを加えて、軽い風味と塩けをプラス。
野菜にふわっとまとわせて焼けば、パクリと食べやすい、
子どものおやつにも、大人のおつまみにもぴったりのひと品に。

材料　約20個分

[生地]
- 薄力粉 … 80g
- ベーキングパウダー … 小さじ1
- グラニュー糖 … 15g
- 塩 … 少々
- 溶き卵 … 1/2個分
- 牛乳 … 60g
- 太白ごま油・粉チーズ … 各15g
- 粗びき黒こしょう … 少々
- おろしにんにく … 1/3片分

ブロッコリー … 1/2株
サラダ油 … 少々

作り方　フライパン

1. ブロッコリーは小さめの小房に分ける。
2. 薄力粉、ベーキングパウダー、グラニュー糖、塩を合わせてボウルにふるい入れる。
3. 別のボウルに溶き卵、牛乳を入れて泡立て器で混ぜる。
4. **2**の粉類に**3**を加え、ボウルの内側に泡立て器をこすりつけるように大きく混ぜる。太白ごま油を加えて混ぜ、粉チーズ、黒こしょう、おろしにんにくを加えてさらに混ぜる。
5. フライパンにサラダ油を薄く塗って弱火で熱し、ブロッコリーに生地をからめながら入れる。面を変えながら、7～8分焼く。

MEMO

他の野菜でも作れます！

ブロッコリー以外でも、小房に分けたまいたけや、輪切りにしたズッキーニに生地をからめて焼いてもおいしく作れます。ちょっとした副菜や、おつまみにおすすめ。

青のりドーナツ

ほんのりと磯の香りを混ぜ込んだ、イタリアの揚げパン、
ゼッポリーニをひと口ドーナツにアレンジ。
カリッ、ふわっの食感はいくつでも食べられそう。揚げたてをぜひ！

材料 約10個分

[生地]
　薄力粉 … 160g
　ベーキングパウダー … 小さじ2
　グラニュー糖 … 30g
　塩 … 小さじ1/2
　卵 … 1個
　牛乳 … 90g
　粉チーズ … 30g
　青のり … 大さじ1と1/2
揚げ油 … 適量

作り方 揚げる

1. 薄力粉、ベーキングパウダー、グラニュー糖、塩を合わせてボウルにふるい入れる。
2. 別のボウルに卵を溶きほぐし、牛乳を加えて泡立て器で混ぜる。
3. **1**の粉類に**2**を加え、ボウルの内側に泡立て器をこすりつけるように大きく混ぜる。粉チーズ、青のりを加えてさらに混ぜる。
4. 揚げ油を中温（約170℃）に熱し、スプーンで**3**を1/10量くらいずつすくって落とし入れる。こんがり色づくまで6〜7分揚げるⓐ。

アメリカンドッグ

Cake生地 ——— DELI / SWEETS

じゃがいもと
枝豆の落とし揚げ

— 029 —

アメリカンドッグ

定番のソーセージと、熱するとびよ〜んとのびるチーズでちょっぴりなつかしい味わいのアメリカンドッグ2種。ケチャップをたっぷりかけて、めし上がれ。

材料　12本分

[生地]
薄力粉 … 160g
ベーキングパウダー … 小さじ2
グラニュー糖 … 30g
塩 … 小さじ1/2
卵 … 1個
牛乳 … 90g
粉チーズ … 30g
ウインナーソーセージ … 8本
さけるチーズ … 2本
揚げ油 … 適量
トマトケチャップ … 適量

作り方　揚げる

1　さけるチーズは長さを半分に切る。ソーセージ、チーズともにそれぞれ竹串を刺す。

2　薄力粉、ベーキングパウダー、グラニュー糖、塩を合わせてボウルにふるい入れる。

3　別のボウルに卵を溶きほぐし、牛乳を加えて泡立て器で混ぜる。

4　**2**の粉類に**3**を加え、ボウルの内側に泡立て器をこすりつけるように大きく混ぜる。粉チーズを加えてさらに混ぜる。

5　揚げ油を中温（約170℃）に熱し、**1**に**4**の生地をからめて入れる。こんがり色づくまで5〜6分揚げる。好みでトマトケチャップをかける。

MEMO
計量カップが便利
生地は計量カップなど深さのあるものに入れると、生地をからませやすくなります。

じゃがいもと枝豆の落とし揚げ

ほの甘いふんわり生地に包まれたじゃがいもと枝豆は、
かき揚げとはひと味違う、やさしいおいしさ。
そそる香りのカレー塩がよく合います。

材料　約20個分

[生地]
　薄力粉 … 80g
　ベーキングパウダー … 小さじ1
　グラニュー糖 … 15g
　塩 … 小さじ1/4
　卵 … 1個
　牛乳 … 60g
　粉チーズ … 30g
じゃがいも … 1個（150g）
ゆで枝豆 … 正味25g
揚げ油 … 適量
カレー粉、塩 … 各適量

作り方　揚げる

1　じゃがいもはせん切りにする。枝豆はさやからはずす。

2　薄力粉、ベーキングパウダー、グラニュー糖、塩を合わせてボウルにふるい入れる。

3　別のボウルに卵を溶きほぐし、牛乳を加えて泡立て器で混ぜる。

4　**2**の粉類に**3**を加え、ボウルの内側に泡立て器をこすりつけるように大きく混ぜる。粉チーズを加えてさらに混ぜ、**1**を加えて混ぜる。

5　揚げ油を中温（約170℃）に熱し、スプーンで大さじ1くらいずつすくって落とし入れる。こんがり色づくまで6〜7分揚げ、好みでカレー粉と塩を合わせたものをかける。

レモンケーキ

しゃりっと甘ずっぱいアイシングの下には、レモンが香るしっとりケーキ。
マフィン型やレモンケーキ型で小さく焼いてもかわいい！ 切り取った部分にも
少しの水でゆるめたアイシングの残りをかけて、いただきます。

材料

18×8×高さ6cmのパウンド型・1台分

[生地]
- 薄力粉 … 160g
- ベーキングパウダー … 小さじ2
- グラニュー糖 … 100g
- 塩 … 小さじ1/4
- 卵 … 1個
- 牛乳 … 90g
- レモン（国産）の皮のすりおろし … 1個分
- 溶かしバター* … 100g

[アイシング]
- 粉砂糖 … 100g
- レモン汁 … 18g

*耐熱ボウルにバターを入れ、電子レンジで20秒ずつ、様子を見ながら加熱して混ぜ溶かす。

作り方（オーブン）

1. オーブンを170℃に予熱する。薄力粉、ベーキングパウダー、グラニュー糖、塩を合わせてボウルにふるい入れる。

2. 別のボウルに卵を溶きほぐし、牛乳を加えて泡立て器で混ぜる。

3. **1**の粉類にレモンの皮、**2**を加え、ボウルの内側に泡立て器をこすりつけるように大きく混ぜる。溶かしバターを加えてさらに混ぜる。

4. オーブンシートを敷いた型に入れ、170℃のオーブンで40〜45分焼く。

5. **4**が完全に冷めたら、ふくらんだ面を平らに切り取り、切り口を下にして網にのせる。小さめのボウルに粉砂糖を入れ、レモン汁を加えて混ぜる。上面にかけてゴムべらで均一に広げ、側面にも落としⓐ、かたまるまでおく。

切り取ったふくらんだ部分にも残りのアイシングをかけてムダなく楽しんで。

材料　直径6cmのマフィン型・5個分

[生地]
　薄力粉 … 145g
　ココアパウダー（無糖）… 15g
　ベーキングパウダー … 小さじ2
　グラニュー糖 … 100g
　塩 … 小さじ1/4
　卵 … 1個
　牛乳 … 90g
　溶かしバター＊ … 100g
マシュマロ … 5個
アーモンド（ホール）… 10粒

＊耐熱ボウルにバターを入れ、電子レンジで20秒ずつ、様子を見ながら加熱して混ぜ溶かす。

作り方　オーブン

1　アーモンドは粗く砕く。

2　オーブンを170℃に予熱する。薄力粉、ココアパウダー、ベーキングパウダー、グラニュー糖、塩を合わせてボウルにふるい入れる。

3　別のボウルに卵を溶きほぐし、牛乳を加えて泡立て器で混ぜる。

4　**2**の粉類に**3**を加え、ボウルの内側に泡立て器をこすりつけるように大きく混ぜる。溶かしバターを加えてさらに混ぜる。

5　マフィン型にグラシンカップを敷き、**4**を等分に入れる。マシュマロを1個ずつのせて押し込みⓐ、アーモンドを散らし、170℃のオーブンで30分ほど焼く。

マシュマロココアマフィン

マシュマロがとろりと溶けて、ほろ苦いココア生地になじみます。
カリカリナッツのトッピングがアクセント。ナッツはお好みのものでどうぞ。

マンゴーの
パウンドケーキ

ごろごろマンゴーがジューシーなパウンドケーキ。
手軽な冷凍マンゴーを使えば、
切る手間もなく、簡単!
表面のきび砂糖がジャリッと、
舌ざわりに変化をつけてくれます。

材料

18×8×高さ6cmのパウンド型・1台分

[生地]
- 薄力粉 … 160g
- ベーキングパウダー … 小さじ2
- グラニュー糖 … 100g
- 塩 … 小さじ1/4
- 卵 … 1個
- 牛乳 … 90g
- 溶かしバター* … 100g

マンゴー(冷凍) … 100g

きび砂糖 … 大さじ1

*耐熱ボウルにバターを入れ、電子レンジで20秒ずつ、様子を見ながら加熱して混ぜ溶かす。

作り方 オーブン

1 オーブンを170℃に予熱する。薄力粉、ベーキングパウダー、グラニュー糖、塩を合わせてボウルにふるい入れる。

2 別のボウルに卵を溶きほぐし、牛乳を加えて泡立て器で混ぜる。

3 **1**の粉類に**2**を加え、ボウルの内側に泡立て器をこすりつけるように大きく混ぜる。溶かしバターを加えてさらに混ぜる。

4 オーブンシートを敷いた型に生地の1/3量を入れ、マンゴーの半量を凍ったまま散らすⓐ。残りの生地を入れⓑ、上面に残りのマンゴーを散らす。きび砂糖をふり、170℃のオーブンで40〜45分ほど焼く。

ワッフル

ヨーグルトを加えてゆるめの生地にしたら、ふんわりワッフルもお手のもの。
はさむのはカスタードクリームが定番ですが、ホイップクリームでも。
クリームがはさみやすいように、横長の楕円形に焼くのがポイントです。

材料 約20個分

[生地]
- 薄力粉 … 160g
- ベーキングパウダー … 小さじ2
- グラニュー糖 … 60g
- 塩 … 小さじ1/4
- 卵 … 1個
- 牛乳 … 90g
- プレーンヨーグルト … 150g
- 溶かしバター* … 30g

サラダ油 … 適量
カスタードクリーム（市販または下記参照）… 200g

*耐熱ボウルにバターを入れ、電子レンジで20秒ずつ、様子を見ながら加熱して混ぜ溶かす。

作り方 フライパン

1 薄力粉、ベーキングパウダー、グラニュー糖、塩を合わせてボウルにふるい入れる。

2 別のボウルに卵を溶きほぐし、牛乳、ヨーグルトを加えて泡立て器で混ぜる。

3 **1**の粉類に**2**を加え、ボウルの内側に泡立て器をこすりつけるように大きく混ぜる。溶かしバターを加えてさらに混ぜる。

4 フライパンにサラダ油を薄く塗って弱火で熱し、生地をおたまの半分くらいすくって流し入れ、12×8cmくらいの楕円形に広げる。2〜3分焼いてふつふつとしてきたら、上下を返して1分ほど焼く。残りも同様に焼く。

5 **4**が冷めたら、きれいな面を下にしてカスタードクリームを等分にのせⓐ、はさむ。

[カスタードクリームの作り方] 作りやすい分量

① 耐熱ボウルに卵黄4個分と砂糖50gを入れて泡立て器ですり混ぜる。強力粉20g、牛乳250gを順に加えてそのつどよく混ぜ、ふんわりとラップをかけて電子レンジで2分加熱する。

② 泡立て器でよく混ぜ、さらに2分加熱する。再び混ぜ、同様に30秒加熱する。もう一度よく混ぜたらバットに入れ、表面に貼りつけるようにラップをして、手早く冷ます。

バナナアップサイドダウンケーキ

文字通り、でき上がりが上下逆さまになるケーキです。
キャラメリゼしたバナナの甘さと、ちょっぴりこげた部分の香ばしさがたまらない！
取り出すときは粗熱を取ってから、あせらず、ていねいに取り出してください。

Cake生地 ── DELI / SWEETS

材料　直径約20cm・1個分

[生地]
　薄力粉 … 160g
　ベーキングパウダー … 小さじ2
　グラニュー糖 … 60g
　塩 … 小さじ1/4
　卵 … 1個
　牛乳 … 110g
　溶かしバター* … 30g
バナナ … 2本
グラニュー糖 … 30g
バター … 5g

*耐熱ボウルにバターを入れ、電子レンジで20秒ずつ、様子を見ながら加熱して混ぜ溶かす。

作り方　フライパン

1　バナナは縦半分に切る。

2　薄力粉、ベーキングパウダー、グラニュー糖、塩を合わせてボウルにふるい入れる。

3　別のボウルに卵を溶きほぐし、牛乳を加えて泡立て器で混ぜる。

4　**2**の粉類に**3**を加え、ボウルの内側に泡立て器をこすりつけるように大きく混ぜる。溶かしバターを加えてさらに混ぜる。

5　直径20cmの深めのフライパンにグラニュー糖、バターを入れて中火にかける。きつね色になったら火を止め、バナナを切り口を下にして並べるⓐ。

6　**4**の生地を回りから中心に円を描くように流し入れⓑ、ふたをしてごく弱火にし、20分ほど焼くⓒ。竹串を刺してみて、生の生地がついてこなければ火を止め、再びふたをしてそのまま粗熱を取る。フライパンに皿をかぶせてひっくり返して取り出す。

さつまいもの揚げドーナツ

マッシュしたさつまいもを生地に混ぜ込めば、
もちもちで、素朴な味わいのドーナツに。
香ばしい黒ごまが好相性。たっぷりとまぶしてどうぞ。

Cake生地 ── DELI / SWEETS

材料　直径約8cm・5〜6個分

[生地]
　薄力粉 … 160g
　ベーキングパウダー … 小さじ2
　グラニュー糖 … 40g
　塩 … 小さじ1/4
　卵 … 1個
　牛乳 … 60g
さつまいも … 150g
揚げ油 … 適量
A｜黒すりごま、きび砂糖 … 各大さじ2
　｜塩 … 小さじ1/2

作り方　揚げる

1　さつまいもは皮をむいて1cm幅の輪切りにする。耐熱ボウルに入れ、水大さじ1をふり、ふんわりとラップをかけて電子レンジで6分加熱する。温かいうちにマッシャーなどでつぶす。

2　薄力粉、ベーキングパウダー、グラニュー糖、塩を合わせてボウルにふるい入れる。

3　別のボウルに卵を溶きほぐし、牛乳を加えて泡立て器で混ぜる。

4　2の粉類に3を加え、ボウルの内側に泡立て器をこすりつけるように大きく混ぜる。1のさつまいもを加えてゴムべらで混ぜる。

5　たっぷりと打ち粉（薄力粉・分量外）をした台に取り出し、麺棒で直径約20cm、2cm厚さくらいにのばす。直径7cmのドーナツ型で抜く@。

6　揚げ油を中温（約170℃）に熱して5を入れ、4分ほど揚げる。上下を返して3分ほど揚げ、油をきる。ポリ袋にAを入れて混ぜ、粗熱が取れたドーナツを入れてまぶす。

Cake 生地 ———— DELI / SWEETS

バナナドッグ

アメリカンドッグのバナナ&ひと口バージョン。
加熱したバナナはとろりとして、甘〜い!
生地が甘すぎないから、絶妙なバランスです。
冷めてもおいしい!

材料 約10個分

[生地]
　薄力粉 … 160g
　ベーキングパウダー … 小さじ2
　グラニュー糖 … 40g
　塩 … 小さじ1/4
　卵 … 1個
　牛乳 … 90g
バナナ … 2本
揚げ油 … 適量

作り方 揚げる

1　バナナは4〜5等分(約4cm)に切る。

2　薄力粉、ベーキングパウダー、グラニュー糖、塩を合わせてボウルにふるい入れる。

3　別のボウルに卵を溶きほぐし、牛乳を加えて泡立て器で混ぜる。

4　2の粉類に3を加え、ボウルの内側に泡立て器をこすりつけるように大きく混ぜる。

5　揚げ油を中温(約170℃)に熱する。4にバナナを加え、竹串2本を刺してからめながらすくい上げて揚げ油に入れ、3分ほど揚げる。残った生地はスプーンでひと口大にすくって落とし、同様に揚げる。

MEMO
2本の竹串使いがコツ
バナナから竹串が抜けやすいので、竹串2本を箸のように持って刺し、すくい上げるようにするとうまくできます。

PART 2

Flan 生地
フラン

卵に牛乳や生クリームなどを合わせて加熱したのがフラン。野菜などの具材と合わせてオーブンで焼けばお惣菜風キッシュに、甘みを加えて蒸し焼きにすればふるふるのカスタードプリンにと、ケーキ生地同様、とても使い勝手のいい生地です。薄切りにした野菜やフルーツと合わせたガトー・アンビジブルに使うのもこちらです。卵が熱でかたまる力を利用するから、生地は材料を混ぜるだけ。見映えのするひと品を、とても簡単に作ることができるんです。

(蒸し焼きにする)

型を置いたバットに湯を流し入れてオーブンへ。蒸気で蒸し焼きにすることで、しっとりとした焼き上がりになります。シンプルなカスタードプリンや野菜のフランなど、ぷるん、とろん、とした食感が楽しめます。

(重ねて焼く)

薄切りにした野菜やフルーツと生地を合わせて、オーブンで仕上げる、断面の美しいフランです。具材の層が生地と一体化して見えなくなることから、フランス語で「ガトー・アンビジブル」と呼ばれています。

(流し入れて焼く)

具材を入れた型やタルト台に生地を流し入れてオーブンで焼く、シンプルなフラン。そのまますくって食べたり、切り分けたり。持ち運びもラクなので、持ち寄りパーティーなどにもおすすめです。

Flan生地 の基本

(基本の材料)

Flan生地の基本の材料はとてもシンプル。
チーズを加えればDELIに、砂糖を加えればSWEETSに。
薄力粉を加えれば、食感に変化をつけることができます。

□ 卵

フラン生地は、卵焼きや茶碗蒸しと同様に、熱を加えることでかたまる卵の性質を利用しています。生地にかたさを出したいときは、ここに薄力粉を加え、ほどよいかたさを出します。

□ 塩 または
　グラニュー糖

塩を加えれば野菜や肉がおいしいお惣菜風DELIに、塩をグラニュー糖に換えればティータイムにもおすすめのSWEETSに。まろやかな卵の味わいは、どちらにも寄り添います。

□ 生クリームや
　牛乳 など

卵ベースの生地に、生クリームや牛乳でやわらかさと濃厚なコクを与えます。レシピによってココナッツミルクを混ぜたり、置き換えたりして、味わいや軽さを調整します。風味を加えたいときは香りのある油分も加わります。

（ 基本の作り方 ）

1 具材の準備をする

中に入れる具材の多くは、薄く切ったり、あらかじめ加熱したりしておきます。火通りを気にせず、さらに焼いたときに具材から水分が出にくくなるため、失敗なく焼くことができます。

2 生地を混ぜる

卵、塩、生クリームをぐるぐる混ぜるだけ。DELIなら粉チーズを加えたり、SWEETSなら塩をグラニュー糖に換えたりします。具材に水分が多いときは、薄力粉を加えることも。

3 具材と合わせて加熱

具材と合わせてオーブンで加熱します。蒸し焼きにするときは、型をバットにのせて湯を張り、アルミホイルをかぶせてオーブンへ。

Flan生地
DELI

—050—

にんじんのフラン

生クリームの半量を牛乳にした軽めの生地が
にんじんのほどよい甘みを引き立てます。
にんじんは生地になじむよう、粗いみじん切りにして加えます。

材料 容量400mlのパウンド型・2台分

[生地]
　卵 … 2個
　塩 … 小さじ1/3
　生クリーム … 100g
　牛乳 … 100g
　粉チーズ … 30g
にんじん … 大1本（200g）
砂糖 … 大さじ1
塩 … 小さじ1/4
バター … 5g

作り方 蒸し焼き

1 にんじんは2cm幅の輪切りにして鍋に入れ、かぶるくらいの水を加えて強火で煮立てる。湯を捨て、再びひたひたの水と砂糖、塩、バターを加え、煮立ったら弱火にし、20分ほど煮てやわらかくなったらざるに上げる。粗熱が取れたら粗みじん切りにする ⓐ。

2 オーブンを160℃に予熱する。ボウルに卵と塩を入れて溶きほぐし、生クリームと牛乳、粉チーズを加えてそのつど泡立て器で混ぜる。

3 型にバター（分量外）を薄く塗り、にんじんを等分に入れ、2の生地を等分に流し入れる。バットにのせ、まわりに深さ2cmほどのぬるま湯を注いでバットごとアルミホイルで覆う。160℃のオーブンで40分ほど蒸し焼きにし、ホイルをはずして5分ほど焼く。バットにのせたまま冷ます。

Flan生地 ── DELI / SWEETS

かぼちゃとひき肉のフラン

かぼちゃと肉だねを交互に詰めた、食べごたえのあるお惣菜フラン。
タイムとにんにくを混ぜ込んだ肉だねから、
うまみがじゅわーっと溶け出て、至福の味わいに。

材料 容量400mlの耐熱皿・1個分

[生地]
- 卵 … 2個
- 塩 … 小さじ1/3
- 生クリーム … 100g
- 牛乳 … 100g
- 粉チーズ … 30g

かぼちゃ … 正味200g
豚ひき肉 … 150g

A
- タイムの葉 … 5枝分
- おろしにんにく … 1/2片分
- 塩 … 小さじ1
- こしょう … 少々

作り方 蒸し焼き

1. かぼちゃは種とわたを取り、2cm厚さのひと口大に切る。耐熱ボウルに入れ、水大さじ1をふってふんわりとラップをかけ、電子レンジで5分加熱する。別のボウルにひき肉とAを入れて練り混ぜる。

2. オーブンを160℃に予熱する。別のボウルに卵と塩を入れて溶きほぐし、生クリームと牛乳、粉チーズを加えてそのつど泡立て器で混ぜる。

3. 型にバター（分量外）を薄く塗り、1のかぼちゃを入れ、間を埋めるように肉だねをちぎり入れる。2の生地を流し入れて ⓐ バットにのせ、まわりに深さ2cmほどのぬるま湯を注いでバットごとアルミホイルで覆う ⓑ。160℃のオーブンで40分ほど蒸し焼きにし、ホイルをはずして5分ほど焼く。

Flan生地 ── DELI / SWEETS

じゃがいものガトー・アンビジブル

生地と具材が一体化して"見えなく(アンビジブル)"なることが名前の由来。
焼き菓子に見立てたこのフラン(ガトー)は、日本でも根強い人気があります。
美しい層になる断面も楽しんで。

材料 容量400mlのパウンド型・1台分

[生地]
- 卵 … 1個
- 塩 … 小さじ1/4
- 薄力粉 … 37g
- 牛乳 … 130g
- 粉チーズ … 15g
- カレー粉 … 小さじ1
- 溶かしバター* … 15g

じゃがいも … 2個（200g）

*耐熱ボウルにバターを入れ、電子レンジで20秒ずつ、様子を見ながら加熱して混ぜ溶かす。

作り方 重ねて焼く

1　じゃがいもはスライサーで薄い輪切りにする。

2　オーブンを180℃に予熱する。ボウルに卵と塩を入れて溶きほぐし、薄力粉をふるい入れて泡立て器で混ぜる。牛乳、粉チーズ、カレー粉、溶かしバターを加えてそのつど混ぜる。**1**を加えて生地をからめる。

3　型にバター（分量外）を薄く塗り、**2**のじゃがいもを入れ、残った生地を流し入れるⓐ。180℃のオーブンで40分ほど焼く。

ズッキーニのガトー・アンビジブル

ズッキーニで作るフランは、じゃがいもよりもとろんした食感に。
間にひそませた生ハムの塩けとうまみが、絶妙のコンビネーション。
野菜たっぷり、卵1個で作れる気軽さも魅力です。

Flan生地 ─── DELI / SWEETS

材料 容量400mlのパウンド型・1台分

[生地]
- 卵 … 1個
- 塩 … 小さじ1/4
- 薄力粉 … 37g
- 牛乳 … 130g
- 粉チーズ … 15g
- 溶かしバター* … 15g

ズッキーニ … 1本（200g）
生ハム … 大4枚

*耐熱ボウルにバターを入れ、電子レンジで20秒ずつ、様子を見ながら加熱して混ぜ溶かす。

作り方 重ねて焼く

1　ズッキーニはスライサーで薄い輪切りにする。

2　オーブンを180℃に予熱する。ボウルに卵と塩を入れて溶きほぐし、薄力粉をふるい入れ、泡立て器で混ぜる。牛乳、粉チーズ、溶かしバターを加えてそのつど混ぜる。1を加えて生地をからめる。

3　型にバター（分量外）を薄く塗り、2のズッキーニ、生ハムを重ねながら入れ、残った生地を流し入れる。180℃のオーブンで40分ほど焼く。

サーモンとほうれん草のフラン

フラン生地と相性バッチリの、定番具材の組み合わせ。
粉チーズの風味をプラスして、子どもも大人も、みんな大好きな味わいに。

Flan生地 ——— DELI / SWEETS

材料　容量400mlの耐熱皿・1個分

[生地]
　卵 … 2個
　塩 … 小さじ1/3
　生クリーム … 200g
　粉チーズ … 30g
ほうれん草 … 1束（200g）
スモークサーモン … 75g
バター … 30g
塩、こしょう … 各少々

作り方　流し入れて焼く

1. ほうれん草はさっとゆでて水にとり、水けをしぼって4cm長さに切る。フライパンにバターを中火で熱してほうれん草を1〜2分炒め、塩、こしょうで調味する。

2. オーブンを180℃に予熱する。ボウルに卵と塩を入れて溶きほぐし、生クリーム、粉チーズを加えてそのつど泡立て器で混ぜる。

3. 型にバター（分量外）を薄く塗り、ほうれん草、サーモンの順に入れⓐ、2の生地を流し入れる。180℃のオーブンで30分ほど焼く。

— 059 —

アスパラガスとベーコンのフラン

ゆでたアスパラにベーコンをくるりと巻いて。
グラタンみたいに華やかで食べごたえもバッチリ、
でも作り方は格段に簡単! 思い立ったらすぐ作れます。

材料　容量250mlの耐熱皿・2個分

[生地]
- 卵 … 2個
- 塩 … 小さじ1/3
- 生クリーム … 200g
- 粉チーズ … 30g

グリーンアスパラガス … 6〜7本（200g）
ベーコン … 6〜7枚（100g）

作り方　流し入れて焼く

1. アスパラガスは根元側半分の皮をピーラーでむき、長さを3等分に切って1〜2分ゆでる。ベーコンは長さを3等分に切り、アスパラガスに巻きつける。

2. オーブンを180℃に予熱する。ボウルに卵と塩を入れて溶きほぐし、生クリーム、粉チーズを加えてそのつど泡立て器で混ぜる。

3. 型にバター（分量外）を薄く塗って**1**を等分に入れ、**2**の生地を等分に流し入れる。180℃のオーブンで15分ほど焼く。

きのことツナのキッシュ

Flan生地 —— DELI / SWEETS

オニオンコンフィと
カッテージチーズのキッシュ

— 063 —

きのことツナのキッシュ

市販のタルト台を使えば、キッシュも気軽に作れます。
きのことツナの組み合わせは、うまみがたっぷりでワインが進む！
大きなタルト台で焼くのもおすすめです。

材料

直径約10cmのタルト台・4個分／
直径約15cmのタルト台・1個分

[生地]
- 卵 … 2個
- 塩 … 小さじ1/3
- 生クリーム … 200g
- 粉チーズ … 30g

しめじ … 100g
ツナ（缶詰）… 大1缶（140g）
タルト台（市販）＊ … 適宜（写真は直径10cmのものを使用）
バター … 30g
塩、こしょう … 各少々

＊またはP66〜67を参照

作り方　流し入れて焼く

1. しめじはほぐす。フライパンにバターを中火で熱し、しめじをしんなりするまで炒め、塩、こしょうをふる。ツナは軽く油をきる。

2. オーブンを180℃に予熱する。ボウルに卵と塩を入れて溶きほぐし、生クリーム、粉チーズを加えてそのつど泡立て器で混ぜる。

3. タルト台に**1**を入れ、**2**の生地を流し入れる。180℃のオーブンで30分ほど焼く。

MEMO
残った生地はあとで加えて
作り方3で入りきらなかった生地は、オーブンに入れて10分経ったら一度取り出し、中心に菜箸などで穴を開けて流し入れます。

Flan生地 ──── DELI / SWEETS

オニオンコンフィと
カッテージチーズの
キッシュ

玉ねぎをよーく炒めたオニオンコンフィは
フラン生地とも好相性。
あっさりとしたカッテージチーズを合わせて
玉ねぎのうまみと甘みを堪能してください。

材料

直径約10cmのタルト台・4個分／
直径約15cmのタルト台・1個分

[生地]
　卵…2個
　塩…小さじ1/3
　生クリーム…200g
　粉チーズ…30g

[オニオンコンフィ]
　玉ねぎ…2個（400g）
　バター…30g
　塩…小さじ1/2

カッテージチーズ…100g
タルト台（市販）＊…適宜（写真は直径10cmのものを使用）
＊またはP66〜67を参照

作り方　流し入れて焼く

1. オニオンコンフィを作る。玉ねぎは縦半分に切ってから縦に薄切りにして耐熱ボウルに入れ、ふんわりとラップをかけて電子レンジで8分加熱する。フライパンにバターを中火で熱し、玉ねぎを炒める。しっかりと色づいたら（P16参照）塩をふり、バットに取り出して冷ます。

2. オーブンを180℃に予熱する。ボウルに卵と塩を入れて溶きほぐし、生クリーム、粉チーズを加えてそのつど泡立て器で混ぜる。

3. タルト台に1とカッテージチーズを入れ、2の生地を流し入れる（残った生地については左ページ参照）。180℃のオーブンで30分ほど焼く。

column

（ タルト生地を作ってみよう！ ）

キッシュ作りに使うタルト生地を手作りで！
工程も材料もシンプルだから、意外に簡単。
時間があるときはぜひトライしてみましょう。

材料 直径約15cm・1個分／直径約10cm・4個分

□ 薄力粉 … 120g　　□ 太白ごま油 … 大さじ2
□ きび砂糖 … 20g　　□ 水 … 大さじ2
□ 塩 … 小さじ1/2

DELI / SWEETS

作り方

1　ボウルに薄力粉、きび砂糖、塩を入れ、手でだまをつぶしながら、空気を含ませるように混ぜる。

4　打ち粉（薄力粉・分量外）をした台に取り出し、麺棒で約3mm厚さにのばす。

2　太白ごま油を加え、手でぼろぼろのそぼろ状になるまで混ぜる。

5　型に入れて形をなじませ、縁を外側に折り込んで押さえる。

3　水を加えて粉けがなくなるまで練り混ぜ、ひとまとめにする（まとまりにくいようなら少量の水を足す）。

6　オーブンシートを敷き、タルトストーンを高さの半分くらいまで入れる。180℃に予熱したオーブンで20分ほど焼き、シートごとタルトストーンをはずしてさらに5分ほど焼く。

— 067 —

Flan生地
SWEETS

Flan生地 —— DELI / SWEETS

シンプルプリン

フラン生地にカラメルを合わせたら、卵のおいしさが際立つシンプルなプリンに。
カラメルはじっくり熱して、甘い生地によく合うほろ苦さに。
ずっと作り続けたい定番レシピです。

材料 容量100mlのプリン型・4個分

[生地]
- 卵 … 2個
- グラニュー糖 … 50g
- 牛乳 … 200g
- 生クリーム … 50g

[カラメル]
- グラニュー糖 … 100g
- 水 … 80g

作り方 蒸し焼き

1. カラメルを作る。鍋にグラニュー糖と水大さじ2（分量外）を入れて強火にかける。コーラ色になったら火からおろし、鍋の側面から分量の水を加える。再び弱火にかけて煮溶かし、型に等分に入れ、粗熱が取れたら冷凍庫に入れる。

2. オーブンを150℃に予熱する。ボウルに卵とグラニュー糖を入れて溶きほぐし、牛乳と生クリームを加えて泡立て器で混ぜる。ざるなどでこす。

3. 1の型に等分に流し入れてバットにのせ、まわりに深さ2cmほどのぬるま湯を注いで ⓐ、バットごとアルミホイルで覆う。150℃のオーブンで30〜40分蒸し焼きにする。

MEMO

コーラ色が目安！しっかりこがして

カラメルはしっかりこがすと、やさしい甘さの生地によく合うほろ苦い仕上がりに。水を加えるときは、はねないように側面からゆっくり加えてください。

抹茶プリン

フランスでも人気の抹茶フレーバー。
基本の生地に抹茶パウダーを
プラスするだけでOKです。
カラメルの代わりに、
お好みで黒みつをかけてどうぞ。

材料 容量100mlの角型・4個分

[生地]
- 卵 … 2個
- グラニュー糖 … 50g
- 抹茶パウダー … 5g
- 牛乳 … 200g
- 生クリーム … 50g
- 黒みつ（市販）… 適量

作り方 蒸し焼き

1. ボウルにグラニュー糖と抹茶パウダーを入れて泡立て器で混ぜる。

2. オーブンを150℃に予熱する。別のボウルに卵を入れて溶きほぐし、**1**を加えて泡立て器で混ぜる。牛乳と生クリームを加えてさらに混ぜ、ざるなどでこす。

3. 型に等分に流し入れてバットにのせ、まわりに深さ2cmほどのぬるま湯を注いで、バットごとアルミホイルで覆う。150℃のオーブンで30～40分蒸し焼きにする。粗熱が取れたら冷蔵庫で冷やし、お好みで黒みつをかける。

MEMO

抹茶パウダーは混ぜておく

抹茶パウダーはあらかじめグラニュー糖と合わせてよく混ぜておくことで、だまにならずに生地によくなじみます。

Flan生地 ——— DELI / SWEETS

ココナッツミルクフラン

ココナッツミルクの甘い香りがふわり。
相性のいいあずきを合わせると、グッとアジアンテイストになります。
あんずの甘ずっぱさがアクセントになって、食べ飽きません。

材料 直径9cm×高さ4cmのココット・3個分

[生地]
　卵 … 2個
　グラニュー糖 … 50g
　ココナッツミルク … 200g
　牛乳 … 50g
ゆであずき … 50g
干しあんず … 6～9個

作り方 蒸し焼き

1 耐熱ボウルに干しあんずを入れ、水をひたひたに注いで電子レンジで1分加熱してそのまま冷やすⓐ。

2 オーブンを150℃に予熱する。ボウルに卵とグラニュー糖を入れて溶きほぐし、ココナッツミルク、牛乳を加えて泡立て器で混ぜ、ざるなどでこす。

3 型にあずきと干しあんずを等分に入れる。**2**の生地を等分に流し入れてバットにのせ、まわりに深さ2cmほどのぬるま湯を注いで、バットごとアルミホイルで覆う。150℃のオーブンで50分ほど（金属のプリン型などで作る場合は35～40分）蒸し焼きにする。

Flan生地 ──── DELI / SWEETS

りんごのガトー・アンビジブル

甘いガトー・アンビジブルの定番、りんご。
ほどよい酸味と食感が、甘くやわらかな
フラン生地と合わさって絶妙のバランスに。
ところどころに現れるアーモンドのカリッ、も楽しい。

材料　容量400mlのパウンド型・1台分

[生地]
- 卵 … 1個
- グラニュー糖 … 45g
- 薄力粉 … 37g
- 牛乳 … 130g
- 溶かしバター* … 15g

りんご … 正味200g
アーモンド（ホール）… 25g

＊耐熱ボウルにバターを入れ、電子レンジで20秒ずつ、様子を見ながら加熱して混ぜ溶かす。

作り方　重ねて焼く

1. りんごは芯を除き皮つきのまま2mm幅くらいの薄切りにする。

2. オーブンを180℃に予熱する。ボウルに卵とグラニュー糖を入れて溶きほぐし、薄力粉をふるい入れて泡立て器で混ぜる。牛乳、溶かしバターを加えてそのつど混ぜる。1を加えて生地をからめる。

3. 型にバター（分量外）を薄く塗り、2のりんご、アーモンドを入れ、残った生地を流し入れる。180℃のオーブンで40分ほど焼く。

パンプディング

香ばしいバゲットに、フラン生地をぎゅうっと吸い込ませてオーブンへ。
ちょっと小腹がすいたときにもおすすめの、甘いフランです。
ラムレーズンの香りがアクセントに。

(材料) 容量400mlのパウンド型・1台分

[生地]
　卵 … 1個
　グラニュー糖 … 45g
　牛乳 … 130g
　溶かしバター* … 15g
バゲット … 150g
レーズン … 30g
ラム酒 … 30g

＊耐熱ボウルにバターを入れ、電子レンジで20秒ずつ、様子を見ながら加熱して混ぜ溶かす。

(作り方) 重ねて焼く

1　耐熱ボウルにレーズン、ラム酒を入れ、電子レンジで1分加熱してそのまま冷ます。バゲットは7〜8mm厚さに切る。

2　オーブンを180℃に予熱する。ボウルに卵とグラニュー糖を入れて溶きほぐし、牛乳、溶かしバターを加えてそのつど泡立て器で混ぜる。1のレーズンをラム酒ごと加えて混ぜ、バゲットを加えて生地をからめ、15分ほどおく。

3　型にバター（分量外）を薄く塗り、2のバゲットとレーズンを重ね入れⓐ、残った生地を流し入れるⓑ。アルミホイルで覆い、180℃のオーブンで30分ほど焼く。

Flan生地 ——— DELI / SWEETS

いちごのフラン

見た目もかわいらしい、いちごのフラン。
プリンとフルーツ、両方味わいたい！ という人も、これなら大満足。
季節のフルーツでいろいろアレンジも可能な、気軽なレシピです。

Flan生地 ―― DELI / SWEETS

材料　容量150mlの耐熱皿・4個分

[生地]
　卵 … 1個
　グラニュー糖 … 50g
　薄力粉 … 15g
　生クリーム … 200g
いちご … 20個（100g）

作り方　流し入れて焼く

1　オーブンを190℃に予熱する。ボウルに卵とグラニュー糖を入れて溶きほぐし、薄力粉をふるい入れて泡立て器で混ぜる。生クリームを加えて混ぜる。

2　耐熱皿にいちごを等分に並べて1の生地を等分に流し入れ、190℃のオーブンで30分ほど焼く。

(材 料) 容量250mlの耐熱皿・2個分

[生地]
    卵 … 1個
    グラニュー糖 … 50g
    薄力粉 … 60g
    牛乳 … 100g
    生クリーム … 100g
ドライプルーン … 10個
紅茶葉 … 10g
熱湯 … 100g

(作り方) 流し入れて焼く

1　紅茶葉に熱湯を加えてふたをし、3分蒸らす。耐熱ボウルにプルーンを入れ、紅茶をこしながら入れⓐ、4時間以上おいてふやかす。

2　オーブンを180℃に予熱する。ボウルに卵とグラニュー糖を入れて溶きほぐし、薄力粉をふるい入れて泡立て器で混ぜる。牛乳と生クリームを加えて混ぜ、プルーンをつけた紅茶を加えて混ぜる。

3　型にバター（分量外）を薄く塗り、2の生地を等分に流し入れる。プルーンを等分に散らし、180℃のオーブンで30分ほど焼く。

プルーンと紅茶のフラン

薄力粉を加えてかたさを出した生地に、
ドライプルーンのねっとりとした舌ざわりがよく合います。
落ち着いた紅茶の香りをプルーンにまとわせた、大人味のフラン。

チョコレートタルト

しっとりなめらかな舌ざわりの、生チョコ風タルト。
チョコレートはスイートでも、ビターでも、お好みでどうぞ。
小さなタルト台で作って、バレンタインのプレゼントにも。

Flan生地 ——— DELI / SWEETS

材料　直径約10cmのタルト台・4個分／
　　　直径約15cmのタルト台・1個分

[生地]
　卵 … 1個
　グラニュー糖 … 30g
　生クリーム … 150g
　チョコレート … 100g
タルト台（市販）＊ … 適宜（写真は直径15cmのものを使用）
粉砂糖 … 適量
＊またはP66〜67を参照

作り方　流し入れて焼く

1　耐熱ボウルにチョコレートを割り入れ、電子レンジで30秒ずつ3回ほど、様子を見ながら加熱して混ぜ溶かす。

2　オーブンを150℃に予熱する。1に卵を加えて泡立て器で混ぜ、グラニュー糖、生クリームを加えてそのつど混ぜる。

3　タルト台に2の生地を流し入れ、150℃のオーブンで20分ほど焼く。粗熱が取れたら冷蔵庫で冷やし、粉砂糖をふる。

ブルーベリータルト

フレッシュなブルーベリーをたっぷりと入れた、ジューシーなタルト。
さわやかさもありつつ、コクのある生地もしっかり味わえます。
少ない材料で作れる手軽さも魅力です。

(材料)

直径約10cmのタルト台・4個分／
直径約15cmのタルト台・1個分

[生地]
　卵 … 2個
　グラニュー糖 … 60g
　生クリーム … 300g
ブルーベリー … 200g
タルト台（市販）＊ … 適宜（写真は直径10cmのものを使用）
＊またはP66〜67を参照

(作り方) 流し入れて焼く

1　オーブンを180℃に予熱する。ボウルに卵とグラニュー糖を入れて溶きほぐし、生クリームを加えて泡立て器で混ぜる。

2　タルト台にブルーベリーを入れ、1の生地を流し入れるⓐ。180℃のオーブンで30分ほど焼く。

PART 3

Cheese 生地
チーズ

Cracker 生地
クラッカー

Marinade & Salad
マリネ　　　　　　サラダ

甘いものは苦手でも、チーズケーキなら……という人、少なくないはず。クリームチーズをベースにした人気のチーズ生地、覚えておくと大活躍します。カリッ、サクッのクラッカー生地は、そのままおやつやおつまみにするのはもちろん、タルトの台としても応用できます。あとはみずみずしいフルーツや野菜を使ったマリネ、サラダがあれば、おもてなしのテーブルも思いのまま。楽しみが広がります。

DELI & SWEETS
2つの生地とサイドディッシュ

(チーズ生地)

生地作りはぐるぐる混ぜるだけ。初心者でも失敗の少ないレシピです。湯せん焼きにするから、口あたりのなめらかなしっとりした焼き上がりに。

(クラッカー生地)

全粒粉入りのクラッカー生地は、薄くのばしてそのまま焼くだけでもおいしい！ アレンジは工夫次第でいろいろ。ついつい手が出るサクッと軽い食感が魅力です。

(マリネ & サラダ)

季節の野菜やフルーツで、テーブルを華やかに彩るサイドディッシュ&デザートを。ケーキ生地やフラン生地と合わせて、おもてなしや持ち寄りパーティーにどうぞ。

Cheese 生地 の基本

（ 基本の材料 ）

チーズ生地の材料はこの6つ。
クリームチーズをベースに、SWEETSにも、DELIにも応用しやすい
汎用性の高い生地になっています。

☐ クリームチーズ
☐ サワークリーム
☐ 生クリーム

チーズ生地のベースはクリームチーズ。サワークリームと生クリームを加えることでほどよい酸味とコクが加わり、さまざまな具材に合わせやすい生地になります。

☐ グラニュー糖

クセのない甘みが特徴のグラニュー糖。それぞれの具材に合わせやすいよう、甘みは控えめにしています。

☐ 卵
☐ 卵黄

卵はまろやかな味わいはもちろんのこと、生地にほどよいかたさをもたらす役割も担います。卵黄を足すことで、より濃厚でこっくりした味わいに。

（ 基本の作り方 ）

1 チーズ、クリームを混ぜる
クリームチーズは常温にもどしてやわらかくしておき、サワークリームと合わせて泡立て器でなめらかに練り混ぜておきます。

2 他の材料を加える
グラニュー糖、卵と卵黄、生クリームを加え、そのつど混ぜ残りのないように泡立て器で混ぜていきます。

3 型に入れる
オーブンシートを敷いた型に、生地を流し入れます。このときシートを型にクリップで留めておくと、生地が入れやすくなります。

4 焼く
バットにのせ、まわりに深さ2cmほどのぬるま湯を注いで天板にのせ、オーブンで湯せん焼きに。型に入れたまま粗熱を取り、冷蔵庫で冷やします。

Cheese生地 ── DELI / SWEETS

ハーブチーズテリーヌ

こっくりとしたチーズ生地にハーブの香りを閉じ込めて、
舌ざわりのなめらかなテリーヌ仕立てに。
ワインが進みます。

材料

18×8×高さ6cmのパウンド型・1台分

［生地］
　クリームチーズ … 280g
　サワークリーム … 120g
　グラニュー糖 … 30g
　塩 … 小さじ1/2
　卵 … 1個
　卵黄 … 1個分
　コーンスターチ … 大さじ1
　生クリーム … 80g
　好みのハーブ（ディル、イタリアンパセリなど）
　　… 20g

作り方

1. ハーブは細かく刻む。

2. クリームチーズは室温にもどす（または耐熱ボウルに入れ、電子レンジで20秒ずつ、様子を見ながら加熱する）。オーブンを160℃に予熱する。チーズをボウルに入れ、サワークリームを加えて泡立て器でなめらかに混ぜる。

3. グラニュー糖と塩、卵と卵黄、コーンスターチを順に加え、そのつどよく混ぜる。生クリーム、1のハーブを加えてさらに混ぜる。

4. オーブンシートを敷いた型に入れ、2～3cmの高さから数回落とし、大きな気泡を抜く。

5. バットにのせ、まわりに深さ2cmほどのぬるま湯を注いで天板にのせ、160℃のオーブンで30分、バットの向きを変えてさらに30分焼く。型に入れたまま粗熱を取り、冷蔵庫で冷やす。

Cheese生地
SWEETS

チーズテリーヌ

クリームチーズの軽い塩けだけを生かした、チーズケーキ風。
材料はごくごくシンプル、すっきりとしたミルキーな甘さが楽しめます。
とろける食感がたまりません。

(材 料)

18×8×高さ6cmのパウンド型・1台分

[生地]
　クリームチーズ … 280g
　サワークリーム … 120g
　グラニュー糖 … 70g
　卵 … 1個
　卵黄 … 1個分
　コーンスターチ … 大さじ1
　生クリーム … 80g

(作 り 方)

1　クリームチーズは室温にもどす（または耐熱ボウルに入れ、電子レンジで20秒ずつ、様子を見ながら加熱する）。オーブンを160℃に予熱する。チーズをボウルに入れ、サワークリームを加えて泡立て器でなめらかに混ぜる。

2　グラニュー糖、卵と卵黄、コーンスターチを順に加え、そのつどよく混ぜる。生クリームを加えてさらに混ぜる。

3　オーブンシートを敷いた型に入れ、2〜3cmの高さから数回落とし、大きな気泡を抜く。

4　バットにのせ、まわりに深さ2cmほどのぬるま湯を注いで天板にのせ、160℃のオーブンで30分、バットの向きを変えてさらに30分焼く。型に入れたまま粗熱を取り、冷蔵庫で冷やす。

Cheese生地 ——— DELI / SWEETS

かぼちゃのチーズケーキ

チーズ生地にマッシュかぼちゃを加えて、ほっこりとした味わいに。
相性のいい2つのスパイスが、香りのアクセントになってくれます。
一度こしてから焼くことで、舌ざわりのよい焼き上がりに。

(材料)

18×8×高さ6cmのパウンド型・1台分

[生地]
　　クリームチーズ … 150g
　　グラニュー糖 … 70g
　　卵 … 1個
　　卵黄 … 1個分
　　生クリーム … 80g
かぼちゃ … 正味150g
シナモンパウダー・クローブパウダー
　　… 各小さじ1

(作り方)

1　かぼちゃは種とわたを取り、皮をむいて3cm角くらいに切る。耐熱ボウルに入れ、水大さじ1(分量外)をふり、ふんわりとラップをかけて電子レンジで5分ほど加熱する。粗熱が取れたらフォークなどでなめらかにつぶす。

2　クリームチーズは室温にもどす(または耐熱ボウルに入れ、電子レンジで20秒ずつ、様子を見ながら加熱する)。オーブンを160℃に予熱する。チーズをボウルに入れ、泡立て器でなめらかに混ぜる。

3　グラニュー糖、卵と卵黄、1のかぼちゃ、シナモンとクローブを順に加え、そのつどよく混ぜる。生クリームを加えてさらに混ぜ、ざるなどでこす。

4　オーブンシートを敷いた型に入れ、2〜3cmの高さから数回落とし、大きな気泡を抜く。

5　バットにのせ、まわりに深さ2cmほどのぬるま湯を注いで天板にのせ、160℃のオーブンで30分、バットの向きを変えてさらに30分焼く。型に入れたまま粗熱を取り、冷蔵庫で冷やす。

Cracker生地 の基本

（ 基本の材料 ）

Cracker生地に必要な基本の材料はこちら。
カリッ、サクッの食感を引き立てる、
香ばしさや素朴な甘みが楽しめる配合になっています。

☐ 薄力粉
☐ 全粒粉（粗びき）

ベースとなる薄力粉に全粒粉をプラスして、香ばしく素朴な味わいの生地に。全粒粉は粗びきのものを使い、ザクザク感をアップ。

☐ きび砂糖
☐ 塩

砂糖はほっこりとしたやさしい甘さのきび砂糖を使用。軽い塩味が加わることで甘みも引き立ち、いくつでも食べられる飽きのこない味に。

☐ 太白ごま油
☐ 水

水分には太白ごま油と水を使い、軽い仕上がりに。油が粉をコーティングするので食感もカリッと仕上がります。油は味や香りにクセのない米油などでもOK。

(基本の作り方)

1 粉類を混ぜる
ボウルに粉類と砂糖、塩を入れ、だまを手でつぶしながら空気を含ませるように混ぜます。

2 ごま油を加える
太白ごま油を加えて手で混ぜます。そぼろ状になればOK。

3 練り混ぜる
水を加え、ボウルに押しつけるようにしながら練り混ぜます。粉けがなくなったらひとまとめにします（まとまりにくいようなら、少量の水を足してください）。

4 切り目を入れて焼く
オーブンシートに取り出し、麺棒で3mm厚さにのばします。好みの形に切り目を入れてオーブンへ。

おつまみクラッカー

粗びきの全粒粉を加えることで、香ばしく、ザクザク食感に。
ポリポリとつまみやすい、スティック状の切り目を入れて焼き上げます。
たっぷりの粉チーズとこしょうで、ワインやビールのおともにぴったり！

材料　作りやすい分量

[生地]
- 薄力粉 … 110g
- 全粒粉（粗びき）… 20g
- きび砂糖 … 30g
- 塩 … 小さじ1/3
- 太白ごま油、水 … 各大さじ2

粉チーズ … 30g
粗びき黒こしょう … 適量

作り方

1. オーブンを180℃に予熱する。ボウルに薄力粉、全粒粉、きび砂糖、塩を入れ、だまを手でつぶしながら空気を含ませるように混ぜる。

2. 太白ごま油を加え、そぼろ状になるまで大きく混ぜる。

3. 水を加え、粉けがなくなるまで練り混ぜてひとまとめにする（まとまりにくいようなら、少量の水を足す）。

4. オーブンシートに取り出し、麺棒で3mm厚さ（約25cm四方）にのばす。粉チーズ、黒こしょうをふり、包丁で横半分、縦に1.5cm幅の切り目を入れⓐ、180℃のオーブンで20分ほど焼く。天板ごと冷まし、粗熱が取れたら、切り目に沿って割る。

Cracker生地
SWEETS

スモア

スモアの語源は「some more！（もっと！）」。甘いクラッカーサンドは
その名の通り、もうひとつ、もうひとつと食べたくなるおいしさ。
マシュマロをのせたら軽くチンすることで、しっかりはさむことができます。

材料 12個分

[生地]
　薄力粉 … 110g
　全粒粉（粗びき）… 20g
　きび砂糖 … 30g
　塩 … 小さじ1/3
　太白ごま油、水 … 各大さじ2
チョコレート … 50g
マシュマロ（3〜4cm大）… 12個
ピーナッツバター（加糖）… 適量

作り方

1　オーブンを180℃に予熱する。ボウルに薄力粉、全粒粉、きび砂糖、塩を入れ、だまを手でつぶしながら空気を含ませるように混ぜる。

2　太白ごま油を加え、そぼろ状になるまで大きく混ぜる。

3　水を加え、粉けがなくなるまで練り混ぜてひとまとめにする（まとまりにくいようなら、少量の水を足す）。

4　オーブンシートに取り出し、麺棒で3mm厚さ（約25cm四方）にのばす。包丁で4辺を切りそろえ、縦、横それぞれ約5cm間隔の切り目を入れ、180℃のオーブンで20分焼くⓐ。天板ごと冷まし、粗熱が取れたら切り目に沿って割る。

5　**4**のクラッカーの半量にチョコレート、マシュマロを等分にのせ、耐熱皿にのせて電子レンジで10秒加熱する。残りのクラッカーにピーナッツバターを塗ってはさみⓑ、軽く押さえるⓒ。

Marinade & Salad

サラダも
DELI & SWEETS！

ここからは、ちょっとした副菜に使える
マリネやサラダをご紹介。
季節のフルーツも、
DELIとSWEETSどちらでも楽しめます。
お酒のおともにもぴったりな
ちょっと大人なフルーツ＆野菜の楽しみ方です。
ケーキやフランのメニューと合わせたら、
パーティーテーブルの準備はばっちり！

いちごとミニトマトのビネガーマリネ

甘ずっぱさが絶妙の箸休めに。
鮮やかな色合いは食卓を明るくします。

（マリネ）

フルーツを使ったマリネも、塩味ならサラダに、甘みが入ればデザートにと変幻自在。お好みで組み合わせて。

材料　3〜4人分

いちご … 100g
ミニトマト … 100g
A｜赤ワインビネガー … 小さじ2
　｜砂糖 … 小さじ1
　｜塩、こしょう … 各少々
イタリアンパセリ … 少々

作り方

1　いちご、ミニトマトは半分に切る。イタリアンパセリは葉をちぎる。

2　ボウルにAを合わせ、いちご、ミニトマトを加えて大きく混ぜる。パセリを加えて混ぜる。

いちごとグレープフルーツのミントマリネ

レモンの酸味とミントの香りを合わせて
後味さっぱり。食後のデザートに。

(材料) 3〜4人分

いちご … 100g
グレープフルーツ … 1個
粉砂糖 … 20g
レモン汁 … 大さじ1
ミントの葉 … 6枚

(作り方)

1　いちごは縦半分に切る。グレープフルーツは房から実をはずす。ミントはせん切りにする。

2　ボウルにいちごとグレープフルーツを合わせて粉砂糖、レモン汁をふって大きく混ぜる。ミントを加えて混ぜる。

オレンジとセロリのディルマリネ

セロリは塩もみしてしんなりさせると、
オレンジとよくなじみます。

> 材料　3〜4人分

オレンジ … 2個
セロリ … 1本
塩 … 適宜
A｜赤ワインビネガー … 大さじ1
　｜こしょう … 少々
　｜ディル … 2枝
　｜オリーブオイル … 大さじ2

> 作り方

1　セロリは斜め薄切りにしてボウルに入れ、重量の1.5％の塩をふってもみ、5分ほどおいてから水けをきる。オレンジは房から実をはずす。ディルは葉を摘む。

2　**1**のボウルにオレンジを加え、**A**を順に加えてそのつど大きく混ぜる。

オレンジとカッテージチーズのはちみつマリネ

香ばしいアーモンドがアクセント。
カッテージチーズであっさりと食べられます。

材料 3〜4人分

オレンジ … 2個
カッテージチーズ … 100g
アーモンド（ロースト・ホール）… 35g
はちみつ … 大さじ2

作り方

1. オレンジは房から実をはずす。
2. ボウルにオレンジとカッテージチーズ、アーモンドを合わせ、はちみつを加えて大きく混ぜる。

メロンときゅうり、生ハムのマリネ

いずれもうりの仲間だから相性抜群。
生ハムの塩けとうまみがマッチ。

材料 3〜4人分

- メロン … 1/2個
- きゅうり … 2本
- 生ハム … 4枚
- 塩 … 小さじ1/2
- A│赤ワインビネガー、
  　 オリーブオイル … 各大さじ1
  　 こしょう … 少々

作り方

1. メロンはひと口大に切る。きゅうりは皮を縞目にむいて乱切りにし、ボウルに入れて塩をまぶし、5分ほどおいてから水けをきる。

2. 1のボウルにメロンを加え、生ハムをちぎり入れる。Aを加えて大きく混ぜる。

メロンと梨のレモンマリネ

練乳でミルキーなやさしい味わいに。
レモンの皮でさわやかな香りをまとわせます。

(材 料) 3〜4人分

メロン … 1/2個
梨 … 1個
練乳 … 大さじ2
レモン汁 … 小さじ2
レモン（国産）の皮 … 1/2個分

(作り方)

1　メロン、梨はひと口大に切る。

2　ボウルにメロン、梨を合わせ、練乳、レモン汁を加えて大きく混ぜる。器に盛り、レモンの皮をすりおろしながらふる。

さつまいもとベーコンのマスタードサラダ

ヨーグルトを加えて、あっさりした味わいに。
カリカリベーコンでうまみがアップします。

（さつまいもマッシュサラダ）

パーティーにぴったりなさつまいもマッシュサラダ。大人はベーコンと合わせてワインのおともに、子どもたちには甘みを加えてスイートポテト風の一品に。

材料　3〜4人分

- さつまいも … 1本（200g）
- ベーコン … 2枚（30g）
- アーモンド（ロースト・ホール）… 25g
- A
  - ギリシャヨーグルト … 40g
  - マヨネーズ … 大さじ1
  - フレンチマスタード … 小さじ1/2
  - 塩、こしょう … 各少々

作り方

1. さつまいもは皮つきのまま3cm角に切り、耐熱ボウルに入れて水大さじ1（分量外）をふる。ふんわりとラップをかけて電子レンジで6分加熱し、熱いうちに粗くつぶす。アーモンドは粗く砕く。

2. ベーコンは1cm幅に切る。フライパンに入れて中火にかけ、カリカリになるまで炒めたらキッチンペーパーに取り出し、脂をきりながら冷ます。

3. ボウルにAを合わせ、さつまいもを加えて大きく混ぜる。器に盛り、アーモンドを散らし、ベーコンをのせる。

さつまいもとクランベリーのスイートポテト

熱いうちにバターと砂糖をなじませてしっとりと。
ドライクランベリーがアクセント。

材料　3〜4人分

- さつまいも … 1本（200g）
- ドライクランベリー … 75g
- バター、砂糖 … 各大さじ1
- シナモンシュガー … 少々

作り方

1. さつまいもは皮をむいて3cm角に切り、耐熱ボウルに入れて水大さじ1（分量外）をふる。ふんわりとラップをかけて電子レンジで6分加熱し、熱いうちに粗くつぶす。バター、砂糖を加えて溶けるまで混ぜる。

2. クランベリーを加えて混ぜる。器に盛り、シナモンシュガーをふる。

藤野 貴子

菓子研究家。父はフランス料理のシェフ、母は料理研究家の一家で育ち、小さいころから菓子作りをはじめる。大学卒業後に渡仏。パリの老舗レストランにてパティシエールを務める。その時にフランス各地を渡り、郷土菓子を学ぶ。現在はキッチンスタジオ&コーヒースタンド「カストール」にて、菓子教室を主宰し、焼き菓子、季節のお菓子の販売を行う。また、TVや雑誌などでも活躍中。著書に『THEシンプル焼き菓子』、『THEフルーツストック』(Gakken)、『これがほんとのお菓子のきほん』(成美堂出版) など多数。

HP
https://2castor.com

Instagram
@taquako41

STAFF

撮影　福尾 美雪
デザイン　高橋 朱里 (マルサンカク)
スタイリング　久保田朋子
調理アシスタント　井上和子
校閲　株式会社聚珍社
編集　久保木薫
構成・編集　岡田好美 (Gakken)
撮影協力　UTUWA

撮影協力
タカナシ乳業株式会社
オフィシャルサイト
https://www.takanashi-milk.co.jp/

タカナシミルクWEB SHOP
https://www.takanashi-milk.com
※写真の商品は一部のスーパーマーケットでも販売しています

DELI & SWEETSができる
フランス仕込みの2つの生地

ケーキとフラン

2024年12月11日　第1刷発行

著　者　藤野 貴子
発行人　川畑 勝
編集人　滝口 勝弘
発行所　株式会社 Gakken
　　　　〒141-8416　東京都品川区西五反田2-11-8
印刷所　TOPPAN株式会社

●この本に関する各種お問い合わせ先
本の内容については、下記サイトのお問い合わせフォームよりお願いします。
https://www.corp-gakken.co.jp/contact/
在庫については　Tel 03-6431-1250 (販売部)
不良品 (落丁、乱丁) については　Tel 0570-000577
学研業務センター　〒354-0045埼玉県入間郡三芳町上富279-1
上記以外のお問い合わせは Tel 0570-056-710 (学研グループ総合案内)
© Takako Fujino 2024 Printed in Japan
本書の無断転載、複製、複写 (コピー)、翻訳を禁じます。
本書を代行業者等の第三者に依頼してスキャンやデジタル化することは、たとえ個人や家庭内の利用であっても、著作権法上、認められておりません。
複写 (コピー) をご希望の場合は、下記までご連絡ください。
日本複製権センター　https://jrrc.or.jp/
　　　　　　　　　　E-mail : jrrc_info@jrrc.or.jp
Ⓡ〈日本複製権センター委託出版物〉
学研グループの書籍・雑誌についての新刊情報・詳細情報は、下記をご覧ください。
学研出版サイト　https://hon.gakken.jp/